MÉMOIRE

SUR LE PROJET

D'UNE COMMUNICATION DIRECTE

ENTRE ANNONAY ET LE RHONE

PAR LA VALLÉE DE LA CANCE

PAR

M. C. A. DE CHALLAYE

CONSUL DE FRANCE

Adressé à M. le Maire et à MM. les Membres du Conseil municipal de la ville d'Annonay

PARIS

TYPOGRAPHIE DE FIRMIN DIDOT FRÈRES

RUE JACOB, 56

1850

MÉMOIRE

SUR LE PROJET

D'UNE COMMUNICATION DIRECTE

ENTRE ANNONAY ET LE RHONE

PAR LA VALLÉE DE LA CANCE

PAR

M. C. A. DE CHALLAYE

CONSUL DE FRANCE

Adressé à M. le Maire et à MM. les Membres du Conseil municipal de la ville d'Annonay

PARIS

TYPOGRAPHIE DE FIRMIN DIDOT FRÈRES

RUE JACOB, 56

1850

MÉMOIRE

SUR LE

PROJET D'UNE COMMUNICATION DIRECTE

ENTRE ANNONAY ET LE RHONE

PAR LA VALLÉE DE LA CANCE.

———◦—◦—◦———

Pierre-Grosse, Saint-Alban,
le 6 janvier 1850.

MESSIEURS,

L'un des projets les plus utiles dans l'intérêt
du département de l'Ardèche, est sans contre-
dit celui qui a pour but d'établir une communication directe entre la ville d'Annonay et le
Rhône, par la vallée de la Cance.

Après tout ce qui en a déjà été dit, il me paraît superflu de chercher à démontrer à vos yeux
l'utilité incontestable, je dirai même la nécessité,
pour la ville d'Annonay, de voir cette communication réalisée dans le plus bref délai possible.
Cette utilité et cette nécessité sont évidentes, et

l'opinion publique s'est déjà formellement prononcée à cet égard.

Il me semble donc qu'il ne s'agit pas de discuter si l'exécution du projet est favorable aux intérêts d'Annonay et des localités voisines, puisque ce point est déjà reconnu et admis en principe, mais de savoir :

1° Si le projet est ou non exécutable, comment il peut et doit être exécuté, et s'il sera soutenu et appuyé par les habitants de la ville d'Annonay et de ses environs;

2° Si la ville d'Annonay, qui, comme principale intéressée, doit donner l'impulsion première, est disposée à adopter les mesures reconnues indispensables pour mettre le projet à exécution.

Avant d'entrer dans l'examen de ces deux questions, permettez-moi, Messieurs, de vous exposer en quelques mots l'état dans lequel j'ai trouvé cette affaire à mon retour de l'Amérique centrale, où, comme vous le savez, j'ai été envoyé au commencement de 1848, pour y gérer le consulat général de France dans les cinq États de Guatemala, San-Salvador, Nicaragua, Honduras et Costa-Rica, et la situation dans laquelle l'affaire se présente aujourd'hui.

Vous vous rappelez sans doute, Messieurs, que, sur la demande de mon parent, M. Jean-Antoine de Romanet-Lestranges, j'avais, en 1847, entrepris diverses démarches auprès du ministère des travaux publics, à l'effet d'obtenir que la route par la vallée de la Cance fût faite aux frais de l'État, comme continuation ou comme rectification de la route n° 82, ou de la route n° 105. — M. le ministre des travaux publics, prenant en considération l'utilité du projet de M. de Romanet, avait invité Messieurs les ingénieurs à commencer les plans et les études nécessaires.

Mais, en même temps, on ne m'avait pas caché que l'insuffisance des ressources du budget ne permettrait pas de longtemps à l'administration d'entreprendre ce travail ; dès lors j'avais sollicité l'autorisation, pour une compagnie, de le faire exécuter moyennant la concession d'un péage qui lui permettrait de se rembourser de ses avances.

Dans une brochure publiée par moi, et dont vous avez eu communication, en 1847, j'avais posé ce dilemme :

« La ville d'Annonay a un intérêt immense à
« l'exécution du tracé de la Cance.

« Ce projet peut être réalisé de deux manières :
« Ou par une société avec concession de péage,
« Ou aux frais de l'État.

« Si le gouvernement n'accorde pas le pre-
« mier mode, il ne peut pas se refuser à l'a-
« doption du second. »

Et cependant, sans prendre aucun engagement quant à l'exécution par l'État, l'administration avait formellement déclaré qu'elle n'était pas disposée à concéder un péage pour l'exécution du projet.

Pendant les deux années qui viennent de s'écouler, le travail des études préparatoires, prescrit par M. le ministre des travaux publics, a été terminé par les soins de M. Larmand, ingénieur ordinaire de l'arrondissement de Tournon.

Malgré l'abandon à peu près complet dans lequel il était laissé, — malgré toutes les causes de découragement qui eussent pu le repousser, M. de Romanet n'en a pas moins persévéré dans le beau projet à l'exécution duquel il s'est voué corps et âme, et pour lequel il n'a épargné aucuns sacrifices.

Aussi, dès que je fus de retour à Paris, à la fin du mois d'août dernier, ai-je immédiatement repris, auprès du ministère des travaux publics, les démarches nécessaires.

Je fus d'ailleurs bientôt encouragé à poursuivre ces démarches, par une lettre particulière adressée à M. de Romanet-Lestranges par M. le docteur Alléon, membre du conseil municipal d'Annonay et du conseil général de l'Ardèche. — Je crois devoir la reproduire ici textuellement :

« Annonay, 14 septembre 1849.

« Monsieur,

« Vos projets ont été soumis au conseil gé-
« néral, qui a été touché du zèle généreux que
« vous apportez à la chose publique ; mais il n'a
« pas pu prendre une détermination positive
« actuelle, parce que la souscription et les plans
« lui restent inconnus. Le principe du projet
« est approuvé par lui ; il reconnaît qu'il est
« d'une utilité incontestable. Dans cette posi-
« tion, il vous reste à faire connaître que vous
« êtes possesseur de tous les terrains à céder ;
« que vous avez réuni un nombre de souscrip-
« teurs suffisant à l'œuvre ; que votre route réu-
« nit les conditions scientifiques imposées par
« l'administration des ponts et chaussées. Avec
« ces trois éléments mis en relief et un mémoire
« à l'appui, j'ai l'intime confiance que j'obtien-
« drai l'adhésion complète du conseil général.
« Voici, du reste, en quels termes le procès-
« verbal s'exprime sur votre projet :

« Le conseil général,

« Vu la pétition de M. de Romanet-Lestranges,
« par laquelle il prie le conseil d'émettre un avis

« favorable à une société qui demande à établir
« deux ponts suspendus sur la rivière de Cance,
« dans la vallée de ce nom, à être autorisée à
« ouvrir la route le long de cette vallée, comme
« rectification de la route nationale d'Annonay
« au Rhône, sous la condition qu'un droit de
« péage sera établi pour soixante-dix ans sur un
« des deux ponts, avec exemption de tout péage
« pour les piétons;

« Reconnaissant que l'exécution de ce projet
« réaliserait une amélioration très-importante,
« et pour laquelle le conseil général a plusieurs
« fois émis des vœux favorables;

« Suspend néanmoins tout avis jusqu'à ce qu'il
« lui ait été donné connaissance des voies et
« moyens pour l'exécution de cette entreprise,
« et des plans sur lesquels elle serait exécutée.

« Dans cette position, il vous faut prouver
« d'abord au conseil municipal d'Annonay :

« 1° Que le péage à établir rapportera une
« somme de.....;

« 2° Que la dépense n'excédera pas 500,000 fr.
« (chose dont tout le monde doute).

« Si vous êtes clair et précis sur ces deux
« points, nous pourrons obtenir du conseil
« municipal une souscription de 100,000 fr.,
« et je ne doute pas alors qu'on ne trouve aisé-
« ment des souscripteurs à Annonay ou ailleurs.

« Le revenu du péage se prouvera par le nom-

« bre de voitures et de chevaux qui passeront
« par cette route : les éléments de cette statis-
« tique doivent se trouver à Andance, à Saint-
« Cyr et à Annonay ; — les aubergistes, les loueurs
« de renfort, le poids public, les cantonniers, doi-
« vent vous fournir des renseignements nom-
« breux, à l'aide desquels vous parviendrez à
« porter la lumière sur ce point important de
« la question : car le jour où vous aurez dé-
« montré qu'on obtiendra un revenu assuré,
« vous verrez affluer les capitaux.

« Lorsque vous aurez donné à votre projet une
« couleur pratique, j'aurai avec vous telle con-
« férence que vous voudrez, et j'en parlerai en-
« suite au conseil municipal, dans la session de
« novembre.

« Recevez, Monsieur, l'assurance de mes sen-
« timents les plus affectueux.

« Signé A. ALLÉON. »

Comme M. le docteur Alléon l'a dit dans sa
lettre imprimée, adressée à M. le maire d'Annonay le 24 octobre dernier, j'ai eu l'honneur de
voir M. le ministre des travaux publics, et cette
fois je l'ai trouvé dans des dispositions favorables à la réalisation du projet de la Cance, par
la voie d'une concession de péage.

Répondant à la lettre que j'ai eu l'honneur

de lui écrire en date du 5 octobre 1849, M. le ministre a manifesté ces dispositions dans les termes suivants :

MINISTÈRE DES TRAVAUX PUBLICS.

———

« Paris, le 18 octobre 1849.

« *M. de Challaye, consul de France.*

« Monsieur,

« J'ai reçu la lettre que vous m'avez fait l'hon-
« neur de m'écrire le 8 de ce mois au sujet d'une
« proposition dont vous aviez déjà entretenu
« l'administration, et qui tend à la rectification
« de la route nationale n° 82, entre Annonay et
« le Rhône, par le val de la Cance (Ardèche).
« Cette rectification ne paraissant pas pouvoir
« être entreprise en ce moment aux frais de
« l'État, à raison de la situation financière du pays,
« vous demandez que l'opération ait lieu au
« moyen de la concession d'un péage.
« Cette proposition, Monsieur, a été, comme
« vous le rappelez, l'objet des études de Mes-
« sieurs les ingénieurs ; mais ces études n'ont
« pas encore été soumises à l'administration.
« Par le courrier de ce jour, j'invite M. le préfet

« à me les adresser le plus tôt possible. — Vous
« pouvez compter d'ailleurs que l'affaire sera
« l'objet d'un prompt et sérieux examen.

« Recevez, Monsieur, etc.

« *Le ministre des travaux publics.*

« Pour le ministre et par autorisation,

« *Le secrétaire général,*

« Signé Boulage. »

Il m'a paru dès lors (je cite ici les propres expres-
sions de M. le docteur Alléon) que le projet de
M. de Romanet exigeait des études conscien-
cieuses sur les moyens à employer pour obtenir
enfin la solution de cette grande entreprise, et
que la seule voie pour y parvenir était d'avoir
sur les lieux mêmes un homme spécial chargé
de faire ces études.

Ne possédant pas moi-même les connais-
sances théoriques et pratiques nécessaires, il
aurait donc fallu faire venir ici un ingénieur. Mais
sa coopération aurait coûté une somme assez
forte à M. de Romanet, qui, après tous les sacrifices déjà faits par lui, n'aurait pas pu suppor-
ter une pareille avance de fonds. Comme vous
le voyez, Messieurs, le problème que nous
avions à résoudre était fort difficile; car il s'agis-
sait de trouver un homme capable de faire ces

études , et qui voulût bien consentir à quitter ses affaires et à se déplacer, pour venir à Pierre-Grosse , sans exiger à l'avance le payement d'aucune somme d'argent ; en un mot, qui acceptât, comme M. de Romanet et moi, toutes les éventualités de l'affaire , même celle de faire des dépenses, des études et des travaux longs, pénibles et fastidieux , sans être certain d'être rétribué ou même dédommagé d'une manière quelconque. Vous le voyez, Messieurs, je le répète, dans de pareilles conditions un homme doué d'un semblable dévouement était excessivement difficile à rencontrer.

J'y suis cependant parvenu, grâce à la confiance et à l'amitié d'un de mes proches parents. Avant mon départ de Paris, j'avais déjà consulté, au sujet de l'affaire qui nous occupe, mon cousin, M. Francis Pochard , versé dans ces sortes de travaux. Sur mon invitation, M. Pochard avait consenti à se charger de recueillir tous les documents et les renseignements nécessaires. A mon arrivée à Pierre-Grosse, je fis à M. de Romanet la proposition, qu'il accepta , d'engager M. Pochard à venir nous rejoindre pour nous communiquer le fruit de ses premières investigations, et commencer une série d'études sérieuses sur les mesures susceptibles de mener à bien le projet de la Cance.

C'est le résultat de ces données et de ces études

préliminaires commencées à Paris le 1ᵉʳ novembre 1849, et continuées à Pierre-Grosse,
par M. Pochard, depuis le 26 du même mois
jusqu'à ce jour, que nous venons maintenant,
Messieurs, placer sous vos yeux et soumettre à
votre appréciation.

Les études de M. Pochard ont porté sur deux
idées principales :

1° L'exécution de la route entre Annonay et
le Rhône, par la voie d'une concession de péage ;

2° L'établissement d'un chemin de fer entre
Annonay et Saint-Vallier, avec embranchement
sur Andance.

§ I. *De la route.*

Sur ma demande, M. de Montrond, ingénieur
en chef du département, a bien voulu nous faire
parvenir les plans et les profils dressés par M. Larmand, ainsi que son rapport, qui porte la date
du 30 novembre 1847.

Ce rapport reconnaît en principe :

1° L'utilité de la route et les avantages de
toute nature que la ville d'Annonay doit retirer
de son exécution.

En effet, il s'exprime ainsi :

« Cette route, qui met en communication directe
« Annonay avec la vallée du Rhône, et par suite
« avec Marseille et le littoral de la Méditer-

« ranée, est donc de la plus haute importance,
« non-seulement pour les intérêts locaux, mais
« encore d'une utilité incontestable pour les in-
« térêts généraux du royaume. »

2° La possibilité de l'exécution de la route,
moyennant une somme de 1,100,000 francs.

3° La nécessité que la compagnie concessionnaire du péage soit aidée dans l'accomplissement du travail, par une subvention combinée
de l'État et du département.

Sur le second point des conclusions de M. Larmand, c'est-à-dire sur la nécessité de consacrer
une somme de 1,100,000 fr. à l'exécution de la
route, nous devons faire observer que M. de Romanet ayant, depuis lors, proposé un nouveau
tracé qui, au lieu de se maintenir à 8 mètres,
comme le tracé de M. Larmand, est porté à
15 mètres au-dessus des hautes eaux de 1840;
la somme de 1,100,000 fr. est beaucoup trop
élevée, et peut être réduite, selon les calculs de
M. de Romanet, à 700,000 fr.

Sur le troisième point, c'est-à-dire sur la nécessité d'une subvention accordée par l'État,
nous vous ferons remarquer d'abord, Messieurs,
que M. Larmand prend pour point de départ
un tarif dont les bases sont de beaucoup infé-
rieures à celles des péages environnants. J'ignore
quels peuvent avoir été, à cet égard, les motifs
déterminants de M. Larmand; mais, quant à

moi, je ne vois pas qu'il puisse y avoir aucune raison plausible pour que l'on paye moins pour passer sur une route de 17 kilomètres qui aura exigé un capital de 700,000 fr., que pour passer sur un pont qui n'aura coûté à construire que 250,000 fr. — Il me paraît, au contraire, qu'il serait de toute justice que le tarif du péage sur la route fût plus élevé, puisque la construction de la route exigera une somme presque triple de celle qui est dépensée ordinairement pour l'établissement de chacun des ponts jetés sur le Rhône.

Je vous ferai observer en outre, Messieurs, que le capital nécessaire pour faire la route, et porté par M. Larmand à ONZE CENT MILLE francs, se trouvant réduit à SEPT CENT MILLE francs si le nouveau tracé de M. de Romanet était accepté, on pourrait peut-être réclamer de l'État une subvention bien moindre que celle demandée par M. Larmand, et qu'on pourrait même, au besoin, s'en passer.

Maintenant, Messieurs, pour pouvoir contrôler, avec toute l'exactitude que comportent ces sortes de travaux, les chiffres que les calculs de M. Pochard nous ont déjà permis de vous indiquer, il faudrait que l'on eût pu relever un plan conforme au nouveau tracé proposé par M. de Romanet, dont nous vous présentons ici un simple calque, afin que vous puissiez vous en faire au moins une idée approximative. Ce plan est d'autant plus nécessaire qu'il doit justifier, dans l'exécution de cette route, l'économie de QUATRE CENT MILLE francs, et conséquemment la différence qui existe entre la demande primitive de ONZE CENT MILLE francs formulée par le rapport de M. Larmand, et celle de SEPT CENT MILLE francs établie selon nos prévisions.

Nous ne devons pas manquer d'appeler votre attention toute spéciale sur les importants avantages offerts par le dernier tracé de M. de Romanet. En effet, tandis que, d'après le tracé primitif de M. Larmand, la route ne devait avoir que dix mètres de large, celui projeté et proposé aujourd'hui par M. de Romanet présente deux bonifications considérables :

1° Une largeur de UN mètre de plus, puisque la route aura ONZE mètres au lieu de DIX ;

2° Un développement beaucoup moindre que celui de l'ancien tracé, puisque la route suivra des courbes moins étendues ;

3° Une facilité beaucoup plus grande quant à l'exécution, parce que la route passera sur les crêtes des rochers, au lieu de contourner leurs bases ;

4° Des travaux d'art exécutés dans des conditions telles que la route, au besoin, pourrait recevoir une voie ferrée, sans qu'il y eût aucune modification à apporter à ces travaux d'art.

Maintenant, Messieurs, la première condition pour fixer votre opinion sur l'exécution de la route, serait que la ville d'Annonay consentît *à voter les fonds nécessaires pour le lever du plan d'après le nouveau tracé proposé par M. de Romanet, — pour le payement des études précédemment faites, et la continuation des études commencées.*

§ II. *Du chemin de fer en principe.*

Nous venons, Messieurs, de vous donner un rapide aperçu de la première question, c'est-à-dire de celle qui est relative à la route ordinaire, exécutée par la voie d'une concession de péage.

Il nous reste maintenant à examiner la seconde question, celle de savoir :

S'il ne serait pas plus avantageux pour la ville d'Annonay et toutes les localités environnantes, d'aborder courageusement et de prime abord l'établissement d'un chemin de fer par la vallée de la Cance;

Et si cette entreprise est exécutable et peut devenir profitable pour la compagnie qui en deviendrait concessionnaire, malgré l'augmentation de capital qu'exigerait l'opération.

A première vue assurément, Messieurs, l'exécution d'un pareil projet semblera peut-être une

2

chimère bien autrement irréalisable que la route ordinaire, qui, avant les études spéciales ordonnées par M. le ministre des travaux publics en 1847, passait déjà aux yeux des ingénieurs, vous le savez, pour un rêve, pour une utopie.

Mais depuis lors, Messieurs, depuis que nous sommes en possession des plans, des profils et du rapport dressés et rédigés par M. Larmand, surtout depuis les travaux consciencieux de M. Pochard, la possibilité de la route n'est plus un rêve ni une utopie, c'est une réalité.

Eh bien, Messieurs, nous croyons maintenant, et nous espérons pouvoir vous démontrer que la possibilité d'établir un chemin de fer entre Annonay et Saint-Vallier, se rattachant à Andance par un embranchement, n'est pas non plus un rêve ni une utopie.

Dans mon opinion, Messieurs, indépendamment de toutes les raisons spéciales pour cette partie du département de l'Ardèche, il y aurait des motifs d'un intérêt bien puissant pour la ville d'Annonay à se prononcer, dès à présent, pour l'adoption du chemin de fer en principe.

De tous les chemins de fer existant, en voie d'exécution ou en projet, sur la surface de la France, s'il en est un qui justifie le nom de CHEMIN DE FER STRATÉGIQUE, c'est assurément celui de Lyon à Avignon. Il suffit de jeter un coup d'œil sur une carte, ou simplement sur les lieux, pour reconnaître à l'instant que cette ligne de fer ne doit pas être placée ailleurs que sur la rive droite du Rhône; qu'elle doit, par conséquent, se diriger de Lyon jusqu'à Villeneuve, pour y traverser le Rhône, et aller rejoindre à Avignon la ligne déjà ouverte entre cette ville et Marseille. Placé dans ces conditions, ce chemin de fer remplirait le double but de desservir dans la vallée du Rhône tous les intérêts commerciaux et industriels du centre de la France, et en même temps de former derrière le Rhône une seconde ligne de défense, en centuplant la force de cette première barrière naturelle, dans l'hypothèse de l'envahissement de cette partie du territoire.

Vous remarquerez, Messieurs, que, depuis Dijon jusqu'à Marseille, la disposition géographique du cours des fleuves semble faite exprès pour que cette importante ligne de défense puisse être surveillée et renforcée, selon les circonstances, par les corps de troupes qui seront transportées sur la ligne de fer placée en arrière. En effet, nous aurions une voie de fer non interrompue passant par Dijon, Beaune, Châlons, Mâcon, Villefranche et Lyon, derrière la *Saône;* Givors, Tournon, la Voulte, Viviers, le Pont-Saint-Esprit, Roquemaure et Villeneuve, derrière le *Rhône;* Tarascon, Arles, Aix et Marseille, derrière la *Durance.*

Viendra-t-on opposer à ce tracé celui de la rive gauche du Rhône, par des raisons d'économies possibles et que je ne discuterai pas, dans le cas de l'adoption de ce dernier, ou parce que les villes de Vienne, Valence, Montélimart et Orange sont plus importantes que celles situées en face sur la rive droite? — Dans ce cas, je demanderai aux partisans du tracé de la rive gauche : Quels intérêts défendez-vous? — Les intérêts des cinq départements de l'Isère, de la Drôme, des Hautes-Alpes, de Vaucluse et des Basses-Alpes.

Eh bien! nous, partisans de la rive droite, nous défendons les intérêts généraux de toute la France, et surtout les vôtres, qui seraient plus compromis encore que les nôtres, dans le cas où nous ne serions pas en mesure de protéger efficacement nos frontières de l'est contre l'invasion d'une armée étrangère.

Si le gouvernement et le parlement avaient la conscience de leurs devoirs et de la haute mission qui leur est confiée, ils n'hésiteraient pas un seul instant à revenir sur leur décision, et à se prononcer en faveur de la rive droite, dût cette décision coûter à la France quelques millions de plus.

Si la ligne de fer est placée sur la rive gauche du Rhône, et si, par une surprise ou une manœuvre habile, l'ennemi peut parvenir à s'em-

parer d'un point quelconque du chemin, — de
deux choses l'une : — ou il détruira le chemin
de fer, en arrachant quelques rails de distance
en distance, ou il se servira de cette voie de
communication pour opérer avec plus de ra-
pidité contre nous, qui, placés derrière le Rhône,
il est vrai, en serons néanmoins réduits aux
moyens de transport ordinaires sur la route
longitudinale n° 86.

Ces quelques mots suffisent, il me semble,
pour faire apprécier l'immense importance de la
décision qui doit prochainement intervenir, et
qui tranchera la question encore pendante aujourd'hui, celle du choix entre le tracé de la rive
gauche et celui de la rive droite.

Malheureusement toutes les probabilités sont
en faveur de la rive gauche : — c'est-à-dire que
les intérêts politiques et commerciaux de toute
la France seront sacrifiés aux intérêts mal enten-
dus de cinq départements. Comment une pareille
FOLIE NATIONALE a-t-elle pu être accomplie par
un peuple qui a la vanité de se laisser dire par
ses adulateurs et de se persuader complaisam-
ment qu'il est le plus éclairé de l'univers? —C'est
là un mystère que ne pourra jamais pénétrer
toute la sagacité de l'historien impartial qui, dans
quelques années, voudra écrire cette étrange histoire !

Je l'ai dit tout à l'heure, il reste maintenant

bien peu d'espérance de voir adopter la rive droite du Rhône, qui a été sacrifiée impitoyablement, et presque sans défense, par de mesquines considérations d'intérêt local.

Cependant, si la ville d'Annonay, dès à présent, déclarait adopter implicitement le principe de la construction d'un chemin de fer reliant Annonay au Rhône, et provoquait une nouvelle enquête de la part du gouvernement par une demande formelle, cette courageuse détermination pourrait peut-être empêcher la consommation de l'acte le plus incompréhensible qui ait été ou qui puisse jamais être enregistré dans les annales des nations civilisées.

§ III. *Du chemin de fer de Saint-Étienne à Saint-Vallier.*

Une idée est à peine émise, qu'elle en fait immédiatement jaillir une autre.

Le chemin de fer par la vallée de la Cance une fois fait, je suppose, ou seulement en voie d'exécution, ne paraîtra-t-il pas évident à tous les yeux que ce tronçon ne devra et ne pourra pas rester ainsi isolé, et qu'il est appelé par la suite à devenir la tête du chemin du centre de la France, auquel il se rattachera par une ligne de raccordement allant d'Annonay à Saint-Chamond, et passant, soit par le Bourg-Argental, soit par

Saint-James d'Atticieux et Pélussin, soit enfin par tout autre tracé qui semblerait préférable?

Tel est donc, Messieurs, dans les hypothèses précédemment posées, le problème que nous avons à résoudre ; tel est le but que nous nous proposons d'atteindre, et vers lequel doivent tendre tous nos efforts. C'est de mettre Saint-Étienne en communication avec la vallée du Rhône et le chemin de fer de Lyon à Marseille par une ligne de fer passant par Annonay, et allant aboutir à droite à Saint-Vallier, et à gauche à Andance.

Quant à la partie du chemin de fer qui réunirait Annonay à Saint-Étienne, quoique les études n'aient pas encore été même effleurées, nous sommes heureux de pouvoir vous annoncer que M. de Romanet a déjà parcouru le terrain, et relevé les points principaux pour indiquer le projet du tracé, et que, dans son opinion, aucunes difficultés sérieuses ne semblent devoir s'opposer à l'exécution. La direction qu'il a suivie se développe en effet, depuis Annonay jusqu'à Saint-Chamond, avec des pentes accidentelles ne dépassant pas cinq millimètres par mètre.

Si l'embranchement qui doit réunir Grenoble avec le chemin de fer de Lyon à Marseille vient aboutir à Saint-Rambert, au lieu de se diriger sur Saint-Vallier ou sur Valence, il serait évidemment d'un grand intérêt pour la ville d'Annonay que le rail-way de la Cance pût venir se relier à cet embranchement. Dans ce cas, le développement de la ligne qui, partant d'Annonay et suivant la vallée de la Cance jusqu'à son embouchure dans le Rhône, viendrait se terminer à Andance, serait assez considérable pour maintenir la pente uniforme de cinq millimètres par mètre.

Mais si cette idée était adoptée, on se trouverait dans la nécessité de faire des études spéciales et un plan conforme à l'indication de ce nouveau tracé. Ce n'est en effet, vous le savez, Messieurs, que par la comparaison faite entre ce nouveau plan et celui proposé en dernier lieu par M. de Romanet, qu'on pourra savoir quel est celui des deux qui réunira les plus grands avantages; et ce nouveau travail donnera lieu nécessairement à une augmentation de dépenses par les frais d'études qu'il occasionnera.

Chercherai-je maintenant, Messieurs, à vous faire envisager tous les avantages que pourrait produire l'établissement de ces deux chemins de fer, ayant pour but de mettre Annonay en communication directe, d'un côté avec Saint-Chamond, Saint-Étienne et toutes les voies de fer du centre de la France, — de l'autre avec la vallée du Rhône, toutes les provinces du Midi, et les contrées bordées par la mer Méditerranée? — Annonay deviendrait par là l'une des villes les plus considérables de cette partie du midi de la

France, et tout le nord du département de l'Ardèche ressentirait promptement les effets bienfaisants qu'amènent toujours avec elles ces nouvelles voies de communication, nommées à juste titre les ARTÈRES DE LA CIVILISATION.

Il me semble, Messieurs, que ces avantages sont si nombreux, qu'il suffira de vous indiquer quelques-uns des principaux, quelques-uns de ceux qui frappent à première vue, pour vous amener à cette conviction, que vous aurez fait une belle et grande chose quand vous aurez mis Annonay à deux heures de Saint-Étienne et à une demi-heure de Saint-Vallier.

Vous savez, Messieurs, que le chemin de fer de Saint-Étienne à Givors remonte dans la direction du nord-est, et que, par conséquent, les marchandises destinées pour le midi qui prennent cette voie, font un énorme détour pour aller gagner le cours du Rhône. Il en est naturellement de même pour toutes les marchandises qui doivent remonter du midi au nord. — Quand une fois le chemin de fer de Saint-Étienne à Annonay et celui d'Annonay à Saint-Vallier seront effectués, croyez-vous que les communications et les transmissions du nord au midi, ou du midi au nord, iront chercher Givors? Jetez-les yeux sur une carte, et dites-moi, Messieurs, s'il ne vous paraît pas évident que toutes ces communications, que tous ces transports viendront affluer à la nouvelle ligne? — Le chemin de fer actuel de Saint-Étienne à Givors et à Lyon conservera sans doute les transports qui se dirigent du sud-ouest au nord-ouest, ou, *vice versâ*, ceux qui viennent de Genève ou de l'Allemagne; mais la nouvelle ligne aura les autres, et bien certainement ce ne sont pas les moins importants.

Comme rien au monde ne saurait arrêter le progrès quand l'heure est venue où il doit se produire, vous devez reconnaître, Messieurs, que nous sommes arrivés au moment où, sous peine de compromettre ses propres intérêts de la manière la plus grave, la ville d'Annonay ne peut plus rester indifférente en présence du danger imminent qui surplombe sur elle, de cette menace de mort contre laquelle j'ai cherché il y a deux ans à vous prémunir, — en un mot, en présence de l'adjudication des travaux de la rectification de Boulieu, véritable épée de Damoclès qui, longtemps suspendue sur vos têtes, Messieurs, finira par tomber, et anéantir vous et vos fortunes, sous les ruines de votre ville, dans le court espace de quelques années.

C'est ce danger qu'il s'agit donc de conjurer et d'écarter pour toujours, par l'adoption d'une de ces grandes mesures qui font époque dans l'histoire d'une ville, et qui honorent leurs auteurs dans l'esprit de leurs concitoyens.

M. le docteur Alléon vous l'a dit, Messieurs :
à la rectification de Boulieu, la ville d'Annonay
n'a qu'une réponse à faire : — c'est d'exécuter la
route ou le chemin de fer par la vallée de la
Cance.

A Dieu ne plaise que l'on puisse m'attribuer
l'intention de nuire à une entreprise déjà ancienne, et qui, si elle n'a point l'avantage d'être
aussi parfaite que les lignes actuelles de fer, a au
moins le mérite d'avoir été la première qui se
soit élevée dans notre pays !

Si la compagnie actuelle du chemin de fer de
Saint-Étienne à Lyon croit voir dans l'établissement du chemin de fer dont j'ai eu l'honneur
de vous entretenir tout à l'heure, entre Saint-
Étienne et le Rhône, passant par Annonay, une
concurrence redoutable, il y a un moyen bien
simple, il me semble, pour elle de l'éviter ; —
et ce moyen, c'est qu'une fois la compagnie
d'Annonay constituée, celle de Saint-Étienne
propose à celle-ci, qui sans doute ne s'y refu-
serait pas, de lui accorder un intérêt dans la
nouvelle entreprise.

Maintenant, Messieurs, je reviens aux autres
avantages que pourrait offrir le rail-way projeté.
Remarquez, Messieurs, que, de toutes les lignes
de fer qui se dirigent de la capitale vers la Méditerranée, celle qui passe par Annonay est la
plus courte ; qu'aucun chemin de fer ne peut

venir s'établir en concurrence de celui-ci, tant le terrain est accidenté par les montagnes et par les vallées du Doux, de l'Érieux et de l'Ardèche, qui descendent des hauts plateaux et contreforts de la chaîne des Cévennes.

Pour ne vous citer que les départements les plus voisins du nôtre, n'êtes-vous pas assurés de réunir tous les transports des denrées et des marchandises de toute nature provenant de la Loire, de la haute Loire, du Puy-de-Dôme, en un mot, de toutes les relations entre le midi et le nord, et d'une bonne partie de celles entre l'ouest et l'est de la France ?

Par l'exécution de cette grande entreprise, qui, nous aimons à le croire, sera favorisée tant par le gouvernement lui-même que par M. Henri Chevreau, préfet actuel de l'Ardèche, et par M. de Montrond et M. Auriol, ingénieurs de ce département, la ville d'Annonay reprendra son ancienne situation de ville d'entrepôt qu'elle possédait autrefois, et qu'elle a perdue maintenant.—Croyez-vous, Messieurs, que tant de marchandises allant du nord au midi, et *vice versâ*, puissent passer entre vos mains sans y laisser pour vous un certain bénéfice ? — Je vous l'avoue, cela ne me paraît pas probable, car ce serait en contradiction avec tous les faits de même nature accomplis jusqu'à ce jour.

§ IV. *Du chemin de fer d'Annonay au Rhône par la vallée de la Cance.*

Mais si nous pouvons, je dirai même si nous devons espérer voir un jour un chemin de fer établi sur la totalité du parcours entre Saint-Étienne et Saint-Vallier ou Saint-Rambert, nous sommes forcés, pour le moment, de ramener nos regards sur la partie de ce parcours qui seule est en discussion en ce moment, et qui est susceptible d'une exécution presque immédiate. Je veux donc vous parler du projet de chemin de fer entre Annonay et Saint-Vallier, avec embranchement sur Andance.

Quand la première idée d'un chemin de fer par la vallée de la Cance nous vint à l'esprit, à M. de Romanet et moi, en même temps une grave objection se présenta : celle des difficultés que pourraient opposer,

D'une part, des pentes peut-être trop fortes, car elles sont, sur certains points, de dix et de onze millimètres et demi par mètre ;

Et, d'autre part, des courbes trop brèves, car il y en a quelques-unes qui seront peut-être décrites par un rayon de trente mètres.

C'était là en effet, Messieurs, une grave et sérieuse difficulté, vous en conviendrez, puisque sur les chemins de fer ordinaires les pentes au-dessus de cinq millimètres par mètre, et les courbes tracées avec un rayon moindre de cinq cents mètres, sont sévèrement proscrites par les ingénieurs et le conseil supérieur des ponts et chaussées.

Mais ayant eu, dans le courant du mois d'octobre dernier, l'oecasion de me rendre de Paris à Sceaux par le chemin de fer qui a été construit d'après les plans et le système de M. Arnoux, il me parut que ce système pourrait être applicable à la communication projetée par la vallée de la Cance. — Je suggérai donc cette idée à M. Pochard, qui dirigea ses recherches de ce côté, et se mit en relations avec M. Arnoux, qu'il connaissait. — Parmi les documents apportés ici par M. Pochard, se trouve le plan du chemin de fer de Sceaux. Or, d'après l'examen de ce plan que nous avons l'honneur de mettre sous vos yeux, Messieurs, nous avons reconnu que le **chemin de fer de Paris à Sceaux** présente précisément, sur divers points de son parcours, des pentes de onze millimètres et demi par mètre, et des courbes tracées à un rayon moindre de trente mètres.

La question se trouve donc aujourd'hui jugée, et il n'y a pas de raisons pour que ce qui a été fait entre Paris et Sceaux ne puisse l'être entre Annonay et Saint-Vallier.

Nous avons d'ailleurs, pour arriver à un degré de certitude plus positive, cru devoir soumettre la question à M. Arnoux lui-même, en lui envoyant un calque du tracé de la Cance, afin qu'il pût asseoir plus facilement son opinion, et juger le projet en connaissance de cause.

La réponse de M. Arnoux à M. Pochard, en date du 19 décembre 1849, que nous vous représentons ici, se prononce formellement sur la question des courbes. Je copie textuellement :

« Le tracé comme courbe n'a rien qui puisse « effrayer : nous sommes descendus dans des « courbes supérieures longtemps prolongées à « seize mètres. La résistance dans ces courbes n'a « pas été sensiblement plus grande que sur les « lignes droites :—c'est une propriété aujourd'hui « bien constatée du système. La vitesse seule li-« mite les rayons. »

Quant aux pentes, M. Arnoux ne se prononce pas d'une manière aussi explicite; car il nous fait une question à laquelle, dans l'état actuel des études, il nous est de toute impossibilité de répondre.

En effet, M. Arnoux nous demande si la pente de onze millimètres, indiquée par nous, est continue ou accidentelle ?

Si l'on devait s'en tenir au premier tracé de M. de Romanet, d'après lequel a été dressé le plan de M. Larmand, la réponse ne présenterait aucune difficulté, puisque nous avons entre les mains les documents nécessaires, et qu'il nous suffirait d'envoyer à M. Arnoux un calque des profils.

Mais comme il s'agit maintenant de suivre le nouveau tracé, qui présente de trop grands avantages pour pouvoir songer à adopter le tracé primitif, vous comprendrez aisément, Messieurs, que nous ne pourrons répondre à la demande de M. Arnoux que lorsqu'on aura pu effectuer le plan de ce nouveau tracé.

Cependant, comme je l'ai dit tout à l'heure, tout nous porte à croire, d'après l'inspection du plan du chemin de fer qui, depuis trois ans, est en activité entre Paris et Sceaux, que là n'est pas la difficulté, puisque ce chemin présente des rampes de dix et de onze millimètres et demi par mètre, et que les locomotives remontent ces rampes à grande vitesse, avec des convois de 3 et 400 voyageurs.

§ V. *Résumé et conclusions.*

Je me résume.

Je crois vous avoir maintenant démontré, Messieurs :

1° Que la route ordinaire par la vallée de la Cance est parfaitement exécutable, et qu'elle peut être effectuée dans des conditions telles, que l'on pourrait plus tard y établir une voie de fer ;

2° Que le chemin de fer est possible en l'établissant dans les mêmes conditions que celui qui est déjà en activité depuis trois ans entre Paris et Sceaux.

Il vous reste donc maintenant, Messieurs, à vous prononcer en faveur du système qui vous paraîtra préférable, tant pour vos propres intérêts que pour les intérêts généraux du pays.

Vous remarquerez, Messieurs, que je n'ai pas abordé la question du rendement ou du revenu probable de l'entreprise, quel que soit celui des deux systèmes qu'il vous convienne d'adopter, et cela par deux raisons :

La première, c'est que, dans le cas de l'adoption de la route pure et simple, le plan du nouveau tracé proposé par M. de Romanet étant encore à faire, nous ne pouvons établir d'une manière positive le chiffre auquel s'élèvera la dépense de la route; et que, par conséquent, nous ne pouvons pas savoir si les revenus du péage résultant des calculs établis par M. Pochard, seront suffisants pour couvrir les dépenses de l'entreprise et lui assurer des bénéfices convenables, quoique cependant tout nous porte à croire que nous serons, sous le rapport financier, dans d'excellentes conditions.

La seconde, c'est que, pour pouvoir continuer les études commencées au sujet de l'établissement du chemin de fer, il est de toute nécessité que la ville d'Annonay nous mette en position de donner à ces travaux l'impulsion et la direction convenables, en nous adjoignant un ingénieur, des conducteurs et des employés capables de nous aider à faire les études scientifiques indispensables pour l'accomplissement d'une aussi grande entreprise.

Aussi croyons-nous maintenant de notre devoir, Messieurs, de vous faire savoir que nos études préparatoires sont arrivées à un point où, pour pouvoir être continuées utilement, il est de toute nécessité que nous soyons soutenus par des ressources pécuniaires que la ville d'Annonay peut seule nous fournir, si le conseil municipal, satisfait des travaux qui ont déjà été accomplis, nous honore de sa confiance, et nous juge capables de continuer ce que nous avons commencé sans aucun encouragement préalable.

Dans cette hypothèse, Messieurs, il vous appartiendra de déterminer la somme nécessaire pour solder :

1° Les avances qui ont été faites jusqu'ici par M. de Romanet, par M. Pochard et par moi-même, pour conduire les études au point où elles sont arrivées aujourd'hui;

2° La somme nécessaire pour faire lever le plan du nouveau tracé proposé par M. de Romanet, et pour continuer les études actuelles de la route;

3° Enfin, celle qui serait nécessaire pour continuer les études du chemin de fer, dans le cas où la ville d'Annonay penserait qu'il y a intérêt

pour elle à s'éclairer davantage sur les deux
systèmes avant de prendre une résolution défi-
nitive.

Je crois à peine nécessaire, Messieurs, de vous
rappeler que, dans la construction de tous les
chemins de fer existants, une somme détermi-
née a toujours été consacrée par les fonda-
teurs de l'entreprise aux études qu'elle exigeait;
et que d'ailleurs cette somme n'est qu'une avance
de fonds dont la compagnie, une fois constituée,
est tenue de tenir compte à ceux qui ont eu assez
de dévouement et assez de confiance dans l'opération pour faire des sacrifices, sans cependant
être positivement assurés qu'ils pourraient en
être dédommagés par un succès ultérieur.

Je vous rappellerai à ce sujet, Messieurs, l'opinion exprimée par M. le docteur Alléon, dans
sa lettre imprimée en date du 24 octobre 1849:

« La ville d'Annonay a un intérêt trop grand
« à ce projet, pour ne pas le prendre en consi-
« dération. — Il conviendrait peut-être que le
« conseil désignât une commission à laquelle il
« confierait la mission exclusive d'étudier et d'ap-
« profondir le projet soulevé par M. de Lestranges,
« et de savoir au juste ce qu'il y a de réalisable
« dans les plans de ce généreux et dévoué conci-
« toyen. — Quelques fonds votés pour les frais
« d'études auraient un emploi légitimé par l'im-
« portance de la question même. »

Nous aurions vivement désiré, Messieurs, pouvoir établir, d'une manière à peu près certaine, le capital qui sera nécessaire pour la construction du chemin de fer d'Annonay au Rhône ; mais, malgré les calculs qui nous portent à croire que le chemin de fer est tout aussi faisable que la route, nous ne voulons mettre un chiffre positif en avant, que lorsqu'il nous sera possible de le composer au moyen de tous ses éléments essentiels. Or, comme j'ai déjà eu l'honneur de vous le dire, Messieurs, nous ne pourrons parvenir à connaître exactement le chiffre de la dépense et celui de la recette probable du chemin de fer, qu'en continuant et en complétant les études commencées.

Néanmoins, Messieurs, l'un des motifs qui devraient, dans notre opinion, engager la ville d'Annonay à se déterminer plutôt en faveur de la construction d'un chemin de fer que pour celle d'une route ordinaire, nous semble devoir être tiré des résultats déjà connus et produits par les chemins de fer existants.

Dans le cas où le chiffre du revenu du chemin de fer ne ferait que balancer celui des dépenses à la fin de la première année, il est avéré que, même dans cette hypothèse, il y aurait encore un bénéfice assuré.

Je trouve en effet ce principe constaté dans les termes suivants, dans le *Journal des chemins de fer*, tome Ier, page 3, en bas de la première colonne :

« Il est maintenant reconnu que tout rail-way
«bien administré double sa recette après quel-
«ques années d'exercice, et que le progrès de
«la seconde année, sur la première, est de 3o
« pour o/o. »

Au surplus, quand bien même le chemin de
fer ne devrait offrir que le pair, il serait encore
incontestablement avantageux, parce que vous
devez moins vous attacher aux revenus que doit
donner le chemin de fer par lui-même, qu'à l'ac-
croissement considérable des transactions com-
merciales de toute nature qui en seront la con-
séquence forcée pour la ville d'Annonay.

Je ne dois pas maintenant omettre d'appeler
votre attention, Messieurs, sur un point assez
important. Vous savez tous que, dans les affaires,
il y a souvent certains moments qui sont plus
favorables que d'autres pour leur accomplissement. Une fois le moment propice passé, il est
quelquefois impossible de renouer une affaire
qui eût été facile à conclure peu de mois aupa-
ravant.

Ainsi, dans la circonstance présente, l'administration se montre bien disposée en faveur
d'une concession de péage; et j'ai lieu de croire
que, par mes relations actuelles et celles que j'ai
entamées précédemment, nous parviendrons à
obtenir également la concession du chemin de
fer, en suivant la marche ordinaire. — Qui nous
dit qu'il en serait ainsi plus tard ?

En outre , M. Pochard , venu tout exprès de Paris pour commencer les études, et qui a déjà consacré à ce travail plus de deux mois et demi, consentira bien à le continuer, s'il voit la ville d'Annonay manifester ses intentions par des mesures et des décisions sérieuses, en un mot, s'il se voit encouragé comme il doit l'être.

Vous avez une trop grande expérience des affaires pour ne pas comprendre, Messieurs, que nous ne pourrions rester plus longtemps isolés, et continuer à faire des sacrifices de toute nature pour une entreprise que nous ne pouvons faire réussir qu'avec l'aide et le concours actifs de la ville d'Annonay.

Si nous n'avions pas une confiance pleine et entière dans l'esprit et l'intelligence des habitants d'Annonay, dans leur ferme volonté de doter leur pays d'une nouvelle communication qui doit doubler sa prospérité , accroître son commerce et vivifier son industrie , croyez-le, Messieurs, nous aurions préféré faire le sacrifice des longs et pénibles travaux auxquels nous nous sommes consacrés jusqu'ici, et laisser à d'autres le soin de créer une entreprise qui est appelée à produire des avantages incalculables pour la ville d'Annonay et toutes les populations environnantes, et pour la formation de laquelle nous aurons fait tous les efforts possibles et nous ferons encore les vœux les plus sincères.

Plusieurs personnes avaient engagé M. de Romanet à dresser et à faire circuler une liste de souscription destinée à produire une partie des fonds nécessaires pour la continuation des études, et lui avaient donné l'assurance que cette souscription serait accueillie avec la plus grande faveur par l'opinion publique. — Mais nous avons pensé, Messieurs, qu'une démarche de cette nature ne devait pas être faite avant que vous vous fussiez prononcés. — Malgré tous les encouragements particuliers que nous eussions pu recevoir, nous avons donc préféré soumettre l'affaire au jugement du conseil municipal d'Annonay, dans la conviction intime où nous sommes que ses membres sauront soutenir une entreprise qui emploiera une multitude de bras pendant plusieurs années, amènera de grands travaux dans le pays, augmentera les consommations de toute espèce, et sera, en un mot, considérée comme un bienfait par toutes les populations.

Notre espoir serait d'autant plus fondé à cet égard, que, sans rien changer aux dispositions ordinaires de son budget, la ville d'Annonay se trouverait facilement en mesure d'appuyer fortement le projet par l'application d'une somme déjà assez considérable dont vous connaissez tous la source, et dont l'emploi n'a pas encore été décidé. Il y aurait même à cela cet avantage tout particulier, que la ville d'Annonay trouverait tout à la fois, dans cet emploi, un placement avantageux et un revenu annuel, qu'aucune autre application ne pourrait lui offrir.

N'ayant pas l'honneur de faire partie du conseil municipal de la ville d'Annonay, il y a peut-être une certaine présomption de ma part à suggérer une idée à une assemblée aussi parfaitement éclairée sur les besoins et les intérêts du pays. Aussi est-ce sous toutes réserves que je me hasarderai ici à formuler mon opinion.

Il m'avait semblé, en 1846, que l'application du legs Malleval à un établissement agricole élevé dans les environs d'Annonay eût parfaitement rempli les intentions du testateur; — mais depuis lors les choses ont bien changé, et mes opinions se sont modifiées par suite de la connaissance plus approfondie que j'ai acquise des intérêts locaux. — Ne vous paraîtrait-il pas, Messieurs, que, ROUTE OU CHEMIN DE FER, la communication établie entre Annonay et le Rhône par la vallée de la Cance serait un établissement DURABLE, UTILE A TOUS, et que rien ne pourrait empêcher de lui donner LE NOM du généreux citoyen dont la bienfaisance aurait puissamment contribué à ouvrir pour sa ville natale une nouvelle ère de prospérité?

C. A. DE CHALLAYE,

consul de France.

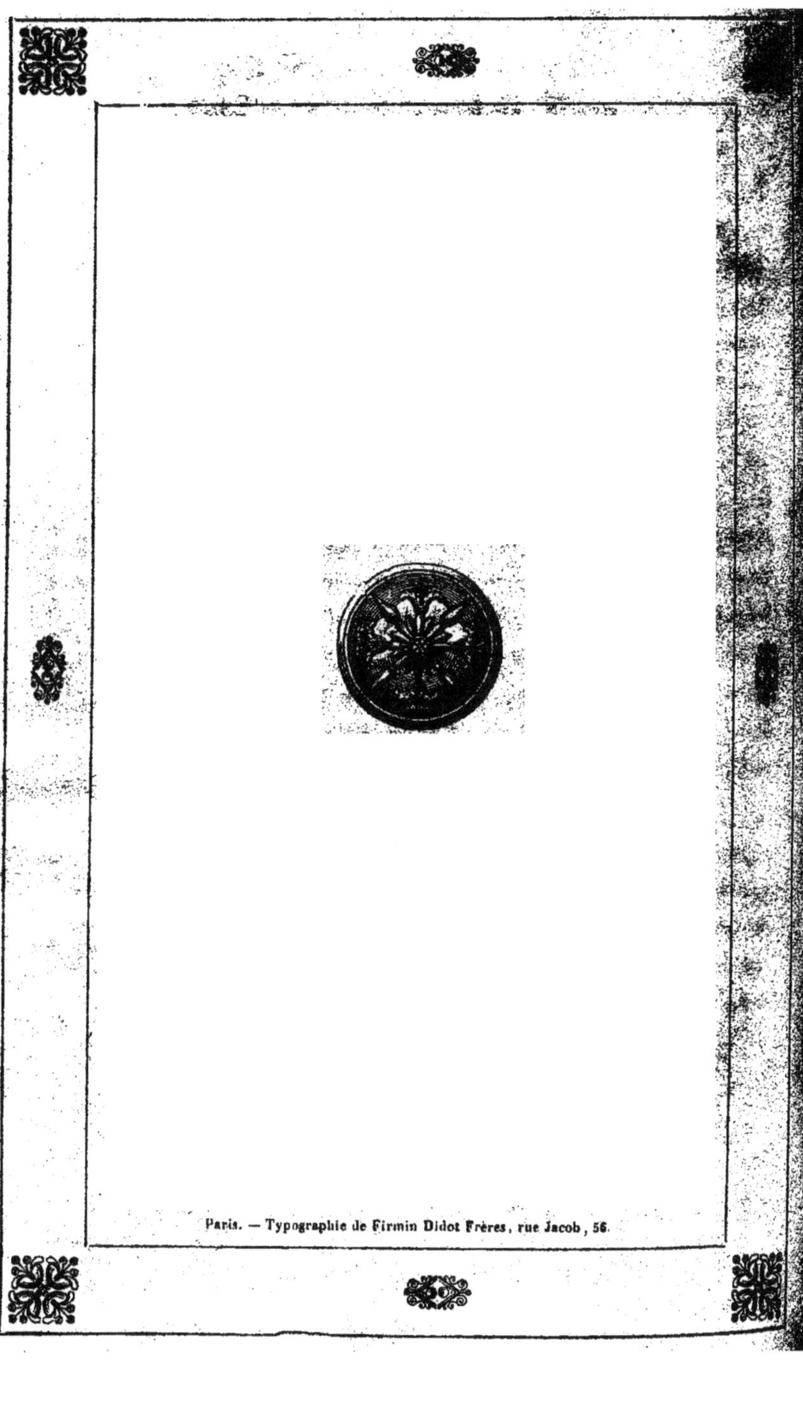

Paris. — Typographie de Firmin Didot Frères, rue Jacob, 56.